Petites Enquêtes trop chouettes !

CE1 et CE2
7-9 ans

L'Inspecteur Petit
et l'Aimant infernal

22 énigmes à décrypter avec ta loupe !

Auteur : Antonio G. Iturbe
Traductrice : Louise Adenis
Illustrateur : Àlex Omist

hachette
ÉDUCATION

Maquette de couverture : Mélissa Chalot
Maquette intérieure : Mélissa Chalot
Illustration de couverture : Àlex Omist
Colorisation des illustrations : Amélie Frémineur
Réalisation PAO de l'intérieur : Médiamax

Title of the original edition: LOS CASOS DEL INSPECTOR CITO y su ayudante Chin Mi Edo: Un misterio muy magnético

Originally published in Spain by **edebé**, 2013
www.edebe.com

Title of the original edition: LOS CASOS DEL INSPECTOR CITO y su ayudante Chin Mi Edo: Una investigación por los pelos

Originally published in Spain by **edebé**, 2009
www.edebe.com

Crédit des images : fond matière bois pp. 2-4 ; trombone p. 2 ; paire de lunettes p. 3 ; punaise p. 4 : © Shutterstock.

ISBN : 978-2-01-270566-1

www.hachette-education.com

Sommaire

Les policiers

Inspecteur Petit

L'inspecteur Petit n'est pas très grand, mais c'est un des meilleurs policiers au monde ! Pour mener ses enquêtes, il se sert de ses nombreuses loupes. Si l'inspecteur ne suit pas une piste, c'est qu'il mange… car il est très gourmand !

Sergent Chan San Peur

Le fidèle assistant de l'inspecteur est un Chinois. Son calme et sa maîtrise du kung-fu sont très utiles dans les situations difficiles. Avec sa longue natte et sa tenue rouge, il ne passe pas inaperçu !

Capitaine Tonnerre

C'est lui qui dirige le commissariat. Sa mauvaise humeur est légendaire ; il est encore plus en colère quand il voit que l'inspecteur Petit fait cuire des saucisses dans son bureau !

L'Inspecteur Petit et l'Aimant infernal

Le calme règne au département des Affaires étranges, mystérieuses et super-difficiles. L'inspecteur Petit étudie son *Encyclopédie des grands détectives,* où sont expliqués les cas les plus étonnants des plus célèbres enquêteurs. L'inspecteur Petit figurera lui-même un jour dans cette encyclopédie.

Le sergent Chan San Peur joue avec son casse-tête chinois pour passer le temps.

– Voulez-vous m'aider à assembler les pièces, Inspecteur ?

– Non, merci. Les seules pièces que j'aime assembler, ce sont mes dents sur une omelette aux pommes de terre.

龍

Mais la tranquillité ne dure jamais longtemps au commissariat central. Le capitaine Tonnerre vient d'entrer comme un ouragan.

– Préparez-vous à partir sur-le-champ[1] ! beugle-t-il de sa grosse voix.

– Pourquoi criez-vous si fort, Capitaine ? Vous avez avalé un mégaphone[2] ?

– Arrêtez de dire des bêtises ! Je vous envoie en mission d'escorte.

– Ah, et qui va-t-on accompagner : le Premier ministre ? une star de la télé ?

– Vous avez pour mission d'escorter[3] un morceau de roche de mille kilos !

– Pourquoi n'envoyez-vous pas l'un de vos adjoints qui a la tête dure comme de la pierre ?

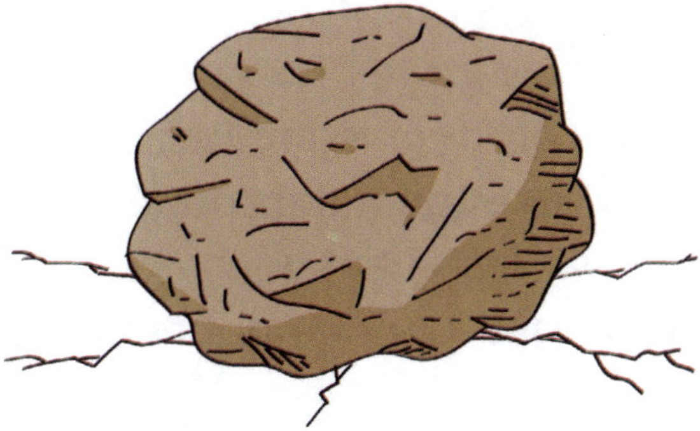

1. sur-le-champ : tout de suite.
2. mégaphone : appareil qui sert à augmenter le son de la voix.
3. escorter : accompagner.

– Il s'agit du fragment de magnétite le plus gros jamais trouvé. C'est le plus puissant aimant de la Terre. Votre mission consiste à vous assurer qu'il est bien transporté de Genève à Paris, où des scientifiques venus du monde entier vont se réunir pour étudier ses propriétés.

– Et quelles sont ses propriétés ?

– Qu'est-ce que j'en sais, moi !

– Les aimants attirent certains métaux, répond le sergent Chan. Regardez bien mon casse-tête chinois : les pièces aimantées et les pièces de fer s'attirent et restent assemblées.

– Assez joué ; filez à Genève et que ça saute ! rugit le capitaine.

Près de la ville de Genève, en Suisse, se situe l'institut scientifique le plus important d'Europe.

– Des savants étudient ici la composition de la matière, leur explique le docteur Anna Lyse.

– De quoi est-elle composée ?

– Si nous l'observions à l'aide d'un puissant microscope[1], nous verrions que toute la matière est faite de particules, semblables à des petites boules minuscules, appelées « atomes ».

– Tout est donc composé d'atomes ? Le jambon également ?

– Oui, lui aussi.

– C'est pour ça que le jambon, c'est de l'énergie pure !

1. **microscope :** instrument pour observer des objets très petits.

Comment s'appelle le docteur ?
龍
Anna Lyse.

Le plus gros aimant naturel du monde se trouve dans un entrepôt sous haute sécurité. Le docteur le leur montre avec fierté.

– Qu'en dites-vous, Inspecteur ?

– Un sacré caillou. Je vais le regarder de plus près avec ma loupe super-grossissante numéro 1…

– Attendez, Inspecteur ! le prévient le sergent. Non !

Mais trop tard : la force d'attraction est si grande que la loupe s'échappe des mains de son propriétaire pour aller se coller au minerai.

– Satané aimant ! Il a presque cassé ma loupe favorite ! s'exclame Petit.

Après avoir fermé la caisse de bois où l'aimant sera à l'abri, des ouvriers la hissent dans un camion.

– Voilà, tout est prêt pour le départ. Sergent, cette mission est la plus facile qu'on nous ait jamais confiée.

Les deux policiers et Anna Lyse montent dans le camion qui démarre en direction de Paris.

– Je vais profiter du voyage pour me taire et méditer, Inspecteur.

– Moi aussi, Sergent ; réveillez-moi à l'arrivée.

À côté de quels monuments les policiers passent-ils ?
La tour Eiffel et la cathédrale Notre-Dame

Après un trajet de plusieurs heures, ils font leur entrée dans la capitale française. Ils remontent les Champs-Élysées, traversent la Seine, laissant d'un côté la tour Eiffel, et passent devant la cathédrale Notre-Dame.

– Moi, j'aimerais bien visiter le musée du Louvre, dit Chan San Peur. Et vous, Inspecteur, il y a quelque chose de spécial que vous voudriez voir ici ?

– Oui. Une usine de crêpes. Au chocolat, de préférence.

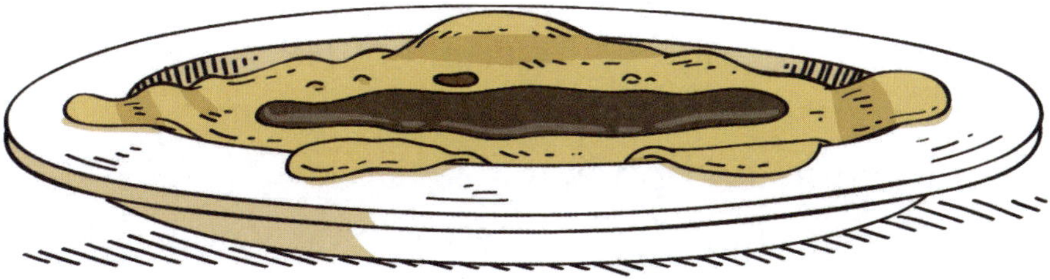

Enfin parvenus au Centre des sciences de Paris, ils franchissent le contrôle de sécurité et se garent.

Les camionneurs déchargent la caisse contenant l'aimant ; puis ils la transportent jusqu'à une salle du cinquième étage, équipée d'une alarme à ultrasons. Le minéral pèse très lourd ! Ils sont en sueur[1] en arrivant, et l'un d'eux ouvre une fenêtre pour laisser entrer un peu d'air frais.

Anna Lyse soulève légèrement le couvercle de la caisse pour s'assurer que l'aimant est toujours en bon état.

– C'est parfait. Débarrassez-le de son emballage avant de vous en aller, leur dit-elle avant de quitter la pièce avec l'inspecteur et le sergent.

1. **sont en sueur :** transpirent.

À quel étage l'aimant est-il stocké ?
龍
Au cinquième étage.

Un peu plus tard, les déménageurs viennent annoncer au directeur du centre que tout est en place.

– Nous pouvons donc connecter les alarmes, répond celui-ci.

Cependant, avant de partir, l'inspecteur Petit revient jeter un dernier coup d'œil à l'aimant, et…

– Il n'est plus là !!! s'écrie-t-il.

Tous se précipitent dans la pièce.

– Comment est-ce possible ? se demande le docteur.

– Par la fenêtre qui est ouverte ! dit le sergent. On a dû le faire passer par là.

龍

Mais ils ont beau regarder de tous côtés : il n'y a pas trace de l'aimant ni des voleurs.

– Comment peut-on dérober[1] un bloc de roche de mille kilos sans faire de bruit et sans être vu ? s'interroge l'inspecteur.

– Comment vais-je expliquer aux plus prestigieux scientifiques du monde que j'ai « égaré » un aimant d'une tonne[2] ? se lamente Anna Lyse. Vous imaginez leurs commentaires !

1. dérober : voler.

2. Une tonne vaut mille kilos.

– Vous ne pouvez même pas imaginer les commentaires que, moi, je vais entendre avec le chef que j'ai. Il est à des centaines de kilomètres, mais je suis sûr que les hurlements du capitaine Tonnerre arriveront jusqu'ici, se lamente Petit.

– Sergent, ce cas est si étrange que j'en ai l'appétit coupé.

– Mais vous dites toujours que votre tête bouillonne d'idées quand vous avez le ventre bien rempli.

– C'est vrai. Et il ne faut jamais se laisser aller. En plus, la gastronomie française est l'une des meilleures du monde !

Ils se rendent alors dans un excellent restaurant réputé pour ses pâtés et ses fromages, accompagnés du docteur Anna Lyse.

– J'ai commandé pour vous le meilleur fromage de France, Inspecteur, lui dit-elle.

Le serveur apporte à Petit une assiette de camembert, qui a une odeur très spéciale.

– Croyez-moi, Inspecteur : vous allez tout de suite apprécier la main du maître fromager.

L'intéressé inspire et écarquille les yeux[1] d'horreur.

– En vérité, Docteur, tout ce que je perçois du maître fromager, ce sont ses pieds… et ils puent ! Ce fromage sent très mauvais !

---

1. écarquille les yeux : ouvre grands les yeux.

– Mais il est d'une saveur délicieuse ! Goûtez-le et vous verrez, lui propose Anna Lyse.

– Bien… Mais, d'abord, je vais allumer ma lampe-ventilateur numéro 10 pour chasser son odeur !

– Inspecteur, comment a-t-on pu voler le super-aimant ? Vous avez une idée ?

– Le nombre de mes idées est actuellement proche de zéro.

– Peut-être qu'ils se sont approchés assez près de la fenêtre avec un hélicoptère pour pouvoir lancer un crochet, suggère le sergent Chan San Peur.

– Mais savez-vous le vacarme[1] que fait un hélicoptère en vol ? Nous n'avons pas entendu un seul bruit !

– Ou avec un ballon, qui leur aurait permis de s'avancer en silence ?

– Impossible. Quel ballon pourrait soulever une masse de mille kilos ? Et puis, les ballons se déplacent lentement. Nous nous sommes précipités à la fenêtre et n'avons rien vu dans le ciel.

1. vacarme : grand bruit.

龍

– Eh bien, je suis à court d'idées à mon tour.
– J'ai besoin d'une source d'inspiration, dit l'inspecteur.
– Une promenade dans le quartier des peintres vous inspirerait peut-être ? lui propose le docteur.
– Une demi-douzaine[1] de croissants m'inspirerait davantage.
Ils décident d'aller chez *Bauchon*, l'une des plus anciennes pâtisseries de Paris. Tout y a l'air délicieux.
– Inspecteur, lui demande Anna Lyse, ça ne va pas faire trop, six croissants ?

1. Une demi-douzaine est égale à six.

– Vous avez raison. Prenons plutôt trois croissants et trois pains aux raisins.

Le docteur s'éloigne en soupirant.

– Moi, les seuls aimants que j'avais vus jusqu'à présent, ce sont ceux qu'on met sur le réfrigérateur, déclare l'inspecteur. J'adore tenir mes aimants de Bob l'Éponge à un centimètre de la porte et regarder comment elle les attire. Elle me les enlève des mains !

– C'est à cause du fer du réfrigérateur qui exerce son pouvoir d'attraction sur l'aimant, parce qu'il est plus grand, lui explique le sergent.

Petit se frotte la moustache une fois, une autre fois, puis… une dernière fois.

– L'aimant attire le fer. Le fer attire l'aimant…

– C'est la définition du magnétisme[1].

– Sergent ! je sais comment notre super-aimant a disparu !

– Comment ?

– Quelque chose l'a attiré et l'a fait sortir par la fenêtre.

– Ce n'est pas possible, Inspecteur. S'il faut une porte de réfrigérateur pour attirer un petit aimant, imaginez le morceau de fer colossal nécessaire pour en déplacer un de mille kilos ! Un bloc de fer pareil n'existe pas.

– Moi, je crois que si. Suivez-moi tous les deux.

1. **magnétisme :** caractère particulier des aimants.

Petit leur fait traverser Paris à toute allure[1], jusqu'à une grande place avec des jardins appelée « Champ-de-Mars ».

– Nous sommes arrivés. Maintenant, levez les yeux…

– La tour Eiffel !

– Eh oui. L'un des déménageurs a ouvert une fenêtre, et, lorsqu'on a ôté la caisse de bois qui protégeait l'aimant, le magnétisme a provoqué

1. **à toute allure :** très vite.

son attraction par un bloc de fer géant : la structure métallique de sept millions de kilos de la tour Eiffel ! L'aimant s'est envolé par la fenêtre et il est venu se plaquer[1] à la tour, comme mes petits aimants sur la porte du réfrigérateur.

– C'est vrai ! s'écrie Anna Lyse en le montrant du doigt. Le super-aimant est collé là-haut !

1. **se plaquer :** se coller.

Quelques heures plus tard, une énorme grue vient récupérer le minerai infernal et le déposer dans une caisse de bois isolante pour l'empêcher de s'échapper de nouveau.

– Nous avons décidé de changer l'endroit d'exposition du super-aimant, leur explique

le docteur. Nous organiserons la rencontre avec les scientifiques dans un hôtel au milieu du désert du Sahara, sans un gramme de fer à des centaines de kilomètres alentour. J'ai même demandé que les petites cuillères soient en bois !

L'inspecteur Petit et le sergent Chan San Peur sont dans l'avion du retour, satisfaits d'avoir résolu l'affaire.

– Le voyage va encore durer un moment, Inspecteur. Voulez-vous que je vous prête quelque chose pour passer le temps ?

– Oui, merci beaucoup. Qu'est-ce que c'est ?

– Mon casse-tête chinois aimanté.

– Sergent, ôtez ces aimants de ma vue ou je saute de l'avion en plein vol !

龍

Et toi, es-tu prêt(e) maintenant
à mener l'enquête ?
Cherche les 9 aimants cachés
dans les images de cette histoire.

Une enquête menée au poil

L'inspecteur Petit ouvre à toute vitesse la porte du département des Affaires étranges, mystérieuses et super-difficiles.

– Eh bien, Sergent, vous dansez ?

– Non ; c'est mon entraînement de kung-fu. Le kung-fu est une technique de lutte très ancienne inventée en Chine, qui imite les mouvements du tigre, du singe ou de la grue.

– Bon, eh bien, cessez de faire le singe ! Nous partons tout de suite.

– Nous avons un cas urgent à résoudre ? interroge Chan San Peur.

– C'est beaucoup plus important que cela : il est grand temps d'aller manger. En route ; j'ai une faim d'hippopotame !

Dans la rue, un homme les arrête pour leur demander l'heure. Petit sort sa loupe-montre numéro 6 de sa poche.

– Il est l'heure de se dégourdir les dents ! lui répond-il.

L'homme le regarde sans comprendre. Le sergent, habitué aux blagues de son chef, lui explique qu'il est midi, l'heure de manger.

Les deux policiers continuent leur chemin, mais, avant d'arriver au restaurant, au coin de la rue, ils entendent des cris :

– Au secours, à moi ! Au voleur !

L'inspecteur et son adjoint courent voir ce qui se passe.

Quelle heure est-il ?
Midi.

Ils s'approchent de l'individu qui crie et lui montrent leurs cartes de police pour le rassurer.

– Nous sommes de la police.

– Quelle chance !

– Voyons : qui êtes-vous et que vous est-il arrivé ?

– Je m'appelle Victor Montana. Je déchargeais des caisses de ma fourgonnette[1]. Comme

1. **fourgonnette :** camionnette.

j'avais chaud, j'ai enlevé ma perruque – qui est châtain[1] – et… on me l'a volée !

– Vous hurlez comme ça pour une simple perruque ?

– Elle est très importante pour moi. Depuis que je suis chauve, je m'enrhumais tous les hivers. Mais, à partir du moment où je me suis acheté ma chère perruque, je ne suis plus jamais tombé malade. Il faut que je la retrouve !

---

1. châtain : brun clair.

– Montrez-nous où vous l'aviez laissée.

L'homme les accompagne jusqu'à l'entrée de l'immeuble et leur montre la rampe d'escalier[1].

– C'est là que je l'avais posée, avant de ressortir chercher une autre caisse dans ma fourgonnette. Je me suis absenté une minute. En revenant, ma perruque avait disparu.

Petit sort sa loupe super-grossissante numéro 1, à la recherche d'une piste, et se met à examiner l'escalier avec attention.

– Vous trouvez quelque chose, Inspecteur ? demande M. Montana.

– Oui, je trouve que ces escaliers sont vraiment très sales. Il y a plus de toiles d'araignées ici que dans le château du comte Dracula.

1. **rampe d'escalier :** barre fixée le long d'un escalier.

Où était posée la perruque ?
Sur la rampe d'escalier.

Une fois que l'inspecteur a fini de chercher des pistes à l'aide de sa loupe numéro 1, il se tourne vers son adjoint et lui demande :

– Qu'en pensez-vous, Sergent ?

– Si quelqu'un était sorti de l'immeuble avec sa perruque, M. Montana l'aurait vu : il était en train de décharger sa camionnette devant la porte d'entrée.

– C'est exact. La personne qui a pris cette perruque n'est donc pas sortie de l'immeuble. Elle est encore ici. Je vous

propose d'aller interroger les voisins pour essayer de savoir qui aurait intérêt à voler une perruque.

L'ascenseur est en panne et ils doivent monter les escaliers à pied. En arrivant au premier étage, l'inspecteur pousse un cri de joie :

– Quelle grande découverte je viens de faire, Sergent !

– Vous tenez une piste ?

– Non ; je viens de découvrir qu'il y a un restaurant à cet étage. Moi, pour me mettre les idées bien en place, j'ai besoin d'avoir l'estomac rempli de macaronis avec plein, plein de sauce tomate !

Que découvre Petit au premier étage ?
龍
Un restaurant

Cependant, lorsqu'il sonne à la porte du restaurant, une serveuse vient leur annoncer qu'ils ne peuvent pas entrer.

– Je suis désolée, Messieurs. C'est le restaurant du Club des barbus : seules les personnes qui portent la barbe ont le droit de manger ici.

– Attendez ! Vous voyez : moi, je porte la moustache. On pourrait peut-être me servir le premier plat…

– Impossible. Si vous n'avez pas de barbe, vous ne pouvez pas déjeuner ici.

– C'est vraiment dommage ! Si je l'avais su, je ne me serais pas rasé pendant un mois.

L'inspecteur Petit doit donc commencer son enquête l'estomac vide. Les deux policiers montent au deuxième étage et frappent à la porte.

– Qu'est-ce que c'est ? demande la locataire en ouvrant sa porte, l'air un peu fâché. J'étais sous la douche.

– Excusez-nous. Nous sommes l'inspecteur Petit et le sergent Chan San Peur. Nous enquêtons sur un cas très difficile, et j'ai quelque chose à vous demander, si vous le permettez… Pouvez-vous me montrer vos cheveux ?

La femme lui répond d'un air encore plus fâché :

– C'est une plaisanterie ? Je n'ai jamais rien entendu d'aussi ridicule.

– S'il vous plaît…, insiste l'inspecteur. J'ai besoin de voir de quelle couleur sont vos cheveux.

La dame enlève la serviette de bain enroulée autour de sa tête et découvre son impressionnante chevelure blonde.

Les enquêteurs la remercient et montent à l'étage supérieur.

Arrivés au troisième, ils frappent à la porte. C'est un monsieur chauve qui l'entrouvre[1]. L'inspecteur et le sergent échangent un regard.

– Excusez-nous, Monsieur. Nous avons une question à vous poser… Êtes-vous descendu dans le hall d'entrée il y a dix minutes ?

L'homme ouvre grand sa porte, et ses interlocuteurs découvrent qu'il s'appuie sur des béquilles.

– J'aimerais bien ! Mais je me suis fait renverser par un chariot au supermarché et je me suis cassé une jambe. Si je fais deux pas, je souffre horriblement. Comme l'ascenseur est en panne, je ne suis pas sorti depuis deux jours.

1. **entrouvre :** ouvre légèrement.

Où le locataire chauve
s'est-il cassé la jambe ?
龍
Au supermarché.

Combien la dame a-t-elle de chats ?
Cinq

Lorsque les deux enquêteurs frappent à la porte du quatrième étage, ils entendent beaucoup de bruit. Une dame vient leur ouvrir, entourée de chiens et de chats.

– Bonjour, Madame. Nous sommes de la police et nous recherchons un objet qui a disparu.

– Ah ! Et quoi donc exactement ?

– En réalité, dit Petit en se grattant la tête, il s'agit d'un tas de poils.

– Si ce sont des poils que vous cherchez, ici vous en trouverez des tas : ceux de mes quatre chiens et de mes cinq chats, déclare la femme en leur montrant le balai et la pelle remplis de poils. Prenez tout ce que vous voudrez. Je vous en fais cadeau !

– Merci, mais ce ne sont pas les poils que nous cherchons.

Petit et Chan San Peur retournent au rez-de-chaussée pour parler de ce qu'ils ont découvert.

– Qu'en pensez-vous, Sergent ? Qui a pris la perruque, d'après vous ?

– Pas la locataire du deuxième, en tout cas. Avec cette longue chevelure si blonde, quel besoin aurait-elle d'une perruque ?

龍

– Vous avez raison. Et la dame du quatrième, qui vit au milieu des poils, n'en a pas besoin non plus.

– Alors, c'est le monsieur chauve du troisième qui l'a volée ! lance le sergent. Lui, il en a besoin.

– Impossible. Il a une jambe cassée. Avec ses béquilles, il n'aurait pas pu monter les escaliers

si vite. Or M. Montana ne s'est éloigné qu'une minute pour aller jusqu'à sa fourgonnette. Le locataire n'aurait pas eu le temps de la voler sans qu'on le voie.

– Pourtant, personne d'autre dans cet immeuble n'a besoin d'une perruque sur la tête !

– Dans le mille, Sergent ! La perruque n'est faite pour aucune tête – c'est exact. Allons tout de suite au premier étage : la réponse nous y attend.

Quand la serveuse du restaurant du Club des barbus leur ouvre la porte, elle répète aux deux visiteurs qu'ils ne peuvent pas entrer y déjeuner.

– Nous ne venons pas pour manger, mais pour résoudre une affaire.

L'inspecteur lui tend sa carte de police, et la serveuse les laisse passer.

Que montre l'inspecteur à la serveuse ?
龍
Sa carte de police

龍

– C'est bien ce que je pensais. Sergent, nous avons retrouvé la perruque perdue.

– Où ça ? Je ne vois aucune perruque.

L'inspecteur Petit s'approche de la table de l'unique client du restaurant. Il lui tire la barbe et… elle lui reste entre les mains !

– Une fausse barbe !

– Non, Sergent : la perruque de M. Montana ! C'est vous qui m'avez donné la solution : la perruque ne convient à aucune des têtes de cet immeuble. Mais les cheveux ne se portent pas uniquement sur la tête. Tout à coup, j'ai compris : le client qui déjeunait au Club des barbus ressemblait beaucoup à l'homme qui nous avait demandé l'heure à la sortie du commissariat. Avec quelque chose de différent, cependant, qui a fait que je ne l'ai pas reconnu la première fois que nous sommes venus. Sa barbe avait poussé !

– Je regrette, Inspecteur, d'avoir pris cette perruque pour m'en faire une barbe. Quand je l'ai vue sur la rampe d'escalier, j'ai cru que quelqu'un l'avait perdue. J'avais l'intention de la remettre à sa place après mon repas. J'avais tellement faim !

– Une faim d'hippopotame ?

– Exactement. Quand on m'a interdit d'entrer dans ce restaurant parce que je n'étais pas barbu, j'ai pensé que c'était la seule solution pour qu'on me laisse prendre un bon repas.

Petit, qui entend gargouiller[1] son ventre vide, comprend les raisons de ce glouton. Il lui pardonne et va rendre la perruque à son propriétaire.

– Monsieur Montana, l'énigme est résolue. Voici votre bien.

– Que je suis content ! Mais on dirait des vermicelles[2], là, au milieu des cheveux. Comment peut-on se mettre la tête dans une assiette de soupe, Inspecteur ?

– C'est une longue histoire, que nous vous raconterons une autre fois. Pour l'instant, nous sommes pressés. J'ai le ventre plus vide qu'une école le dimanche !

1. gargouiller : faire un bruit de glouglous.
2. vermicelles : pâtes qu'on met dans la soupe.

Pourquoi y a-t-il des vermicelles dans la perruque ?
龍
Parce qu'elle a trempé dans la soupe lorsque le voleur mangeait.

L'inspecteur Petit et son adjoint Chan San Peur se dépêchent d'aller au *Perroquet fou*. Quand ils arrivent à leur restaurant préféré, la patronne est sur le point de fermer.

– Vous venez bien tard, aujourd'hui ! J'allais rentrer chez moi. Il s'en est fallu d'un cheveu que vous ne mangiez pas !

– Bien dit, Marie Mimi. Il n'y en a que pour les cheveux, ces derniers temps ! lui réplique son plus fidèle client.

Et toi, es-tu prêt(e) maintenant à mener l'enquête ?
Cherche, dans les images de cette histoire, 12 escargots comme celui-ci. Ouvre bien les yeux pour les trouver !

Achevé d'imprimer en Roumanie par G. Canale - Dépôt légal : 03/2016 - Édition 02 - 79/2231/8